Thinking Deeply《シンキング ディープリー》

ひとつのことを　ふか〜く
考《かんが》えること

Q 1分《ぷん》間《かん》考《かんが》えよう。

この本《ほん》では、
たまに、黒《くろ》いページがでてきて
キミに、しつもんするよ。
そのときは、1分間《ぷんかん》だけ
ページをめくらずに、
自分《じぶん》で考《かんが》えてみてほしい。

そもそも自分《じぶん》らしさって なに？

さあ、今日《きょう》も 考《かんが》える少年《しょうねん》、
Q《キュー》くんの へやを　そーっと　のぞいてみよう。

ここは、Q《キュー》くんのへや。
ジャージすがたのQ《キュー》くんが、
いったりきたりしています。

「う――ん、
う―――ん……。
よし、いくか。
やっぱり　やめるか。
いや、いかなきゃ。
でもなあ。

でもいかなきゃ。
いや　でもさあ。
あー、もういい、いくのやめた！
こんなの　ぼくらしくない！
ぼくは　自分《じぶん》らしく　生《い》きるんだー！」
Q《キュー》くんが　さけんだとき、
たなの上《うえ》の　ぬいぐるみ、
チッチが　とつぜん　さけびました。

「はい、ストープッ！」
「うわあ！」
チッチが　時間《じかん》を
とめたのです。
そのとたん、Q《キュー》くんは
かたまったように
うごかなく
なってしまいました。
「Q《キュー》くんが　また

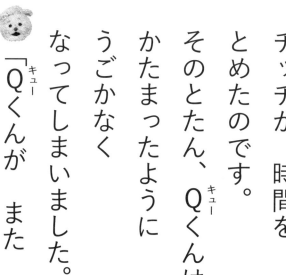

なやんでるみたいだねえ。
なんか、自分《じぶん》らしく生《い》きるんだー
って言《い》ってたよね？
みんなも　自分《じぶん》らしく生《い》きたい？」

Q

「あ、チッチ。」

「はいどうも。
ときおり見《み》せる
アンニュイ*な
ひょうじょうが
たまらないと、
パリジェンヌに
だいにんきのチッチです。」

「時間《じかん》をとめたね。」

*アンニュイ＝フランス語《ご》で、けだるいようす、ものうげなようす。

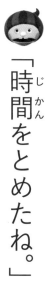

「また　Q《キュー》くんが　なやんでるみたい
だったからね。
なにに　なやんでるんだい？」

「じつはね、こんど学校《がっこう》で　マラソン大会《たいかい》が
あるんだ。
だから　まいにち　マラソンのれんしゅうを
することに　クラスで決《き》めたんだよ。
でもさあ、ぼくさあ……」

Q《キュー》くんが
もじもじしていると、

「マラソン
にがてなんだろ？」
チッチが　さっして
くれました。

「そうなんだよ……。
れんしゅうにいくの
イヤでさあ。

なやんだあげく、いくのやめたんだ。」

「へえ、でも　それでいいのかい？」

「だってさ、よく言《い》うだろ、まわりにながされず、
自分《じぶん》らしく生《い》きろって。」

「自分《じぶん》らしく生《い》きる？」

「そう。それが　いちばんだいじなんだ。

まいにち、まいにち、マラソンのトレーニング
なんて　ぼくらしくないもん。

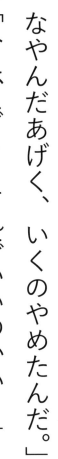

ぼくは、ぼくらしく生《い》きることにしたんだ。」

「ふうん、チッチは　よくわからないけどさ、
自分《じぶん》らしく生《い》きるって　どんなふうに
生《い》きることなの？」

「それはね、んーと、自分《じぶん》の好《す》きなことや
とくいなことをやって　生《い》きていくことだよ！」

「あ～なるほど、それは　いいねえ！」

「だろ？　いちばん幸《しあわ》せな生《い》きかたさ！」

「Q《キュー》くんの好《す》きなことって　なに？？」

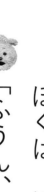

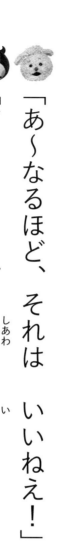

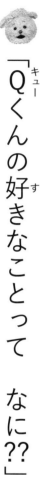

「プラモデルを作《つく》ること！」

「じゃあ、いっしょう
プラモデルを
作《つく》りつづけることが、
Q《キュー》くんらしく
生《い》きることなんだね！」

「え？
う、うーん……。」

〈いま〉

〈みらい〉

「はい！　じゃあ、はやく　プラモデル
作《つく》らないと！
さあ、作《つく》って　作《つく》って！
自分《じぶん》らしく生《い》きないと！」

「いやあ……いまは　プラモデルって
気分《きぶん》じゃないかなあ。」

「なんで？　好《す》きなんだろ？」

「でも、ずーっとっていうのも
あきちゃうと思《おも》うし……。」

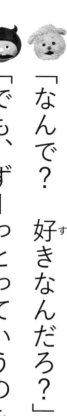

「とくいなんだろ？」

「とくいだけどさあ、むずかしいやつは作《つく》るとイヤになっちゃうし、ぼくよりじょうずな人も　いっぱいいるしね……。」

「そんなことで　いいの？　自分《じぶん》らしく生《い》きることが　だいじなんじゃないの？　ねえQ《キュー》くん、自分《じぶん》らしく生《い》きなくていいのかい？」

チッチが　こうふんして
つめよってくるので、
こまったQ《キュー》くんは、
チッチのおなかを
さすります。

「まあまあ、　おなか
なでなでなでなで。」

「はあ〜、
気《き》持《も》ちいい〜。」

チッチの　こうふんも　おさまったころ。

「ぼく、なんだか　わかんなくなって
きちゃったよ……。
自分《じぶん》らしく生《い》きるって
どういうことなのか。」

「そういうときはね　Q《キュー》くん、
『そもそも』って
考《かんが》えてみたら　どうかな？」

QWORD

そもそも？

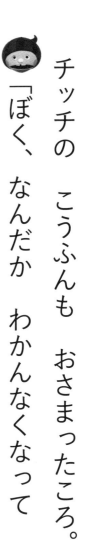

「そもそも？」
「そう！　Q《キュー》くんの考《かんが》える
自分《じぶん》らしさは　なんなのか、
ふかく　ほりさげてみるのさ。」

「ふかくねぇ……。」
「よーし、ここで　コレだ！
じゃーん！」

じゃーん!

本日のぎもん
Today's Question

そもそも
自分《じぶん》らしさ
ってなに？

「本日《ほんじつ》のぎもん。
『そもそも　自分《じぶん》らしさって　なに？』
みんな　かんたんに　自分《じぶん》らしく生《い》きるなんて
言《い》うけどさ、　そもそも　自分《じぶん》らしさって
なんだろう？」

「うーん、言《い》われてみるとむずかしいなあ……。」

「Q《キュー》くんは　そもそも、自分《じぶん》で、
『自分《じぶん》らしさ』って　なんだと思《おも》ってる？」

「ぼくらしさってこと？　そうだなあ……。」

Q

1分《ぷん》間《かん》

考《かんが》えよう。

キミって

どんな人《ひと》？

Q《キュー》くんってどんな人《ひと》？のうた

♪Q《キュー》くんって　どんな人《ひと》？
どんな人《ひと》？

♪どんな人《ひと》？
いつも明《あか》るくて元気《げんき》！

♪どんな人《ひと》？

好奇心《こうきしん》おうせいで、
勉強《べんきょう》ねっしん！

♪どんな人《ひと》？

だいたいのことは
じょうずにできる！

♪どんな人《ひと》？

おもしろくて、
にんきもの！

♪ああ　それが　きみらしさ

ぼくらしさ！

♪きみらしさ
ぼくらしさ！

♪ああ　それが　きみらしさ
きみらしさなんだね

「って感《かん》じかな。」

「へえ〜、Q《キュー》くんは　自分《じぶん》のこと
そう思《おも》ってたんだあ、へえ〜、
そうだったのかあ〜。」

「なんか　いがいそうだね……。」

「いやあ。チッチには　ぜんぜん
あんなかっこよく　見《み》えなかった
もんですからねえ。」
チッチは　からかうように言《い》いました。

「じゃあ　チッチには　ぼくは
どんなふうに　見《み》えてたのさ！」
「Q《キュー》くんは、おちょうしもので、なまけもので、
たまにいじわるで……。」
チッチが　言《い》いおわらないうちに、
Q《キュー》くんは　チッチに　言《い》いかえします。
「なーに言《い》ってるんだよ、ぜんぜんちがうよ！
チッチは　人《ひと》を見《み》る目《め》が　ないなあー！」

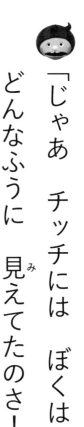

「そうかな……。」

「そうだよ！」

「じゃあ、まわりのみんなに　聞《き》いてみるかい？」

「まわりのみんな？」

「はい、時空《じくう》をこえて　インタビュー！」

チッチは　マイクをもって、
まずは　おかあさんに　インタビューします。

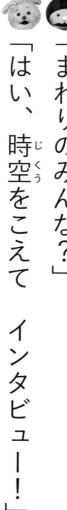

「はい、ということで、
Q《キュー》くんのこと　どんなふうに
思《おも》ってますかー？」
「そうねえ、Q《キュー》は、
自信《じしん》があっていいけど、
そのわりに　おくびょうな
ところがあって
ちょうせんしないわねえ。」

つぎは、ともだちの
ポッくんに
インタビュー。

「あー　Q《キュー》くんはですね、
すごく手《て》さきが
きようだけど、
勉強《べんきょう》はしませんねえ。」

それから　ルルちゃんに
インタビュー。

「カレ？
気《き》はきくけど、
考《かんが》えがあさいわね。
あと、優《ゆう》柔《じゅう》不《ふ》断《だん》よね。
あと　すぐに
おちこむわよね。

あと、そのくせ
なんでもすぐわすれて
ケロッとしてるわよね。
あと……。」

「もういいよ！
みんな、ぼくのこと
そんなふうに思《おも》ってたのかあ〜。
ぼくが思《おも》ってる自分《じぶん》と　ぜんぜんちがうよ。
どっちが　ほんとうのぼくなんだろう？」

「どっちも　ほんとうのQ《キュー》くんなんじゃないか？」

「どっちも　ぼく？」

「うん。」

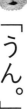

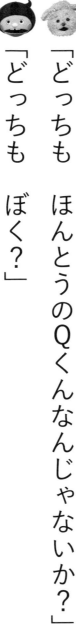

「あ〜、ますます
わかんなくなって
きちゃった。
自分《じぶん》らしさって
なんなんだろう……。」

「Q《キュー》くん、よけい
わかんなくなってきちゃったみたいだね。
みんなはどうかな？
きみの自分《じぶん》らしさって　なんだろうね？」

Q 1分《ぷん》間《かん》考《かんが》えよう。

きみの自分《じぶん》らしさって

なんだろう？

みんなで こたえよう

きみの自分《じぶん》らしさって なんだろう?

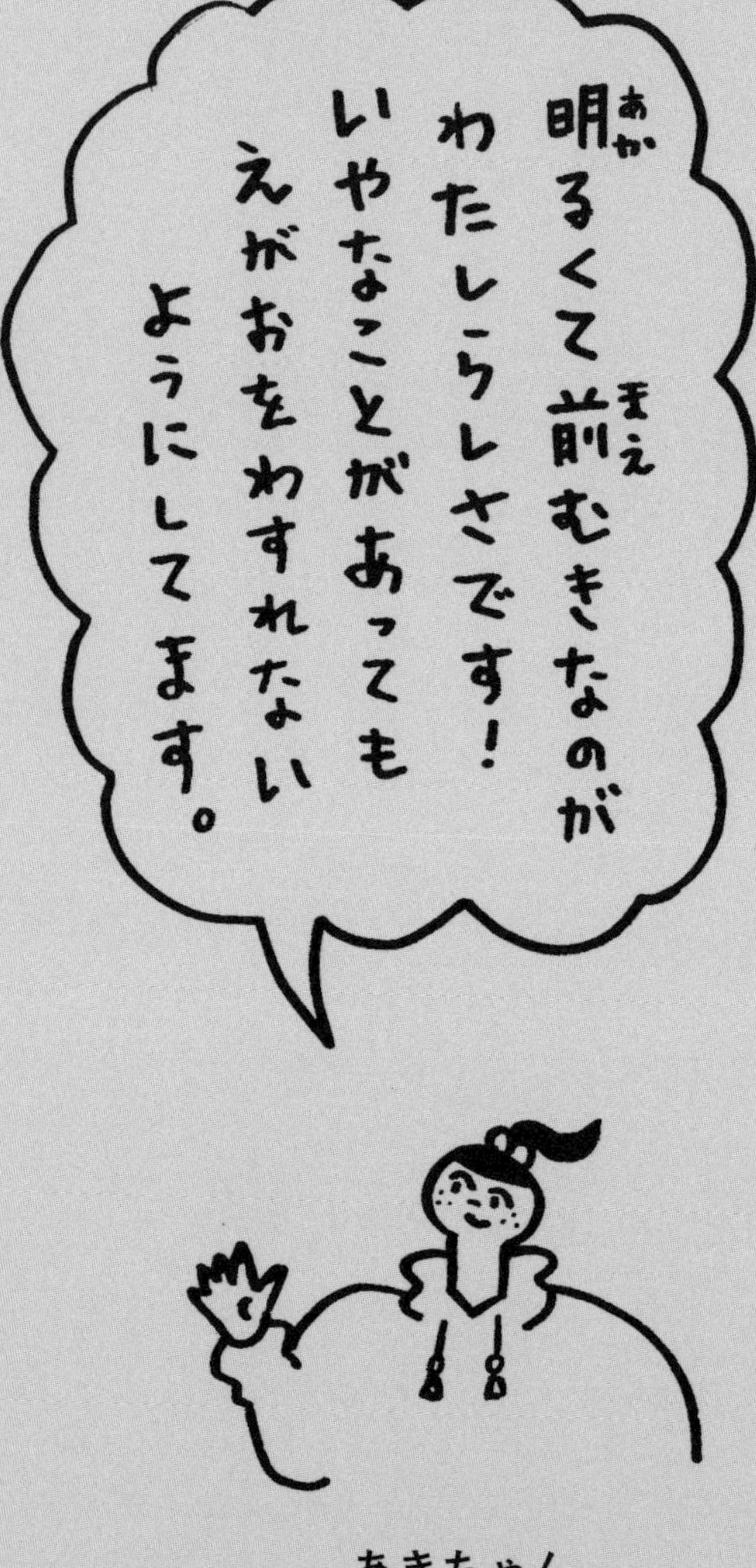
明《あか》るくて前《まえ》むきなのがわたしらしさです!いやなことがあってもえがおをわすれないようにしてます。

あきちゃん

「それは　かんたんなことじゃないねぇ」

みんなでこたえよう

きみの自分《じぶん》らしさって なんだろう？

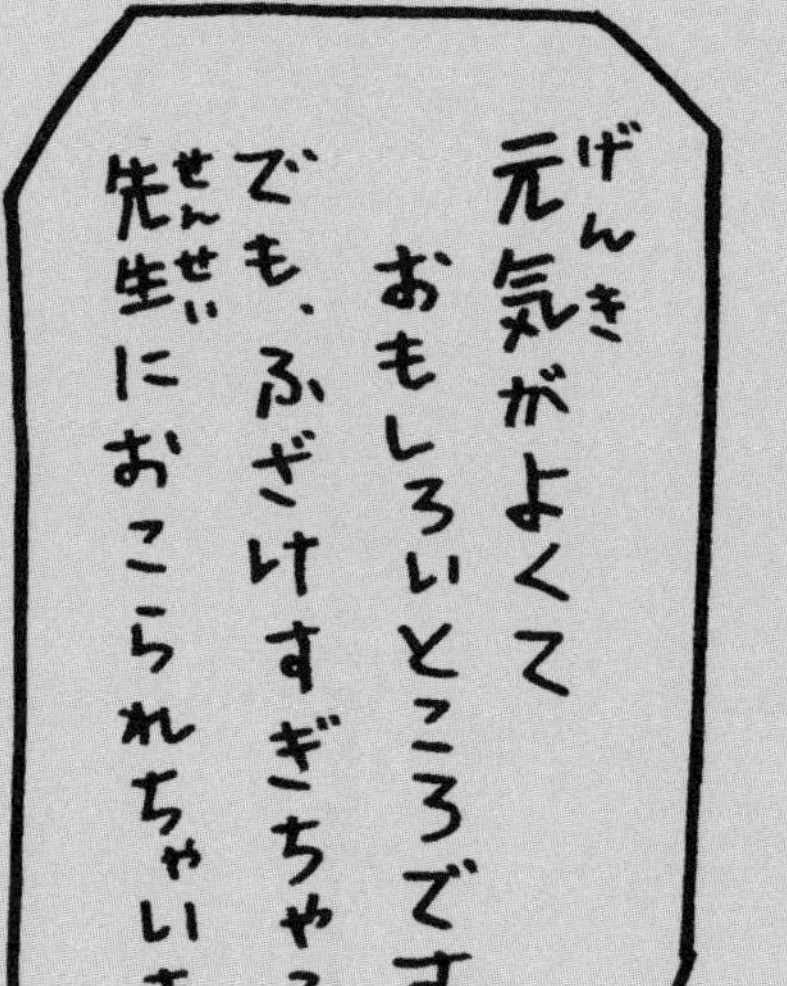
元気《げんき》がよくて
おもしろいところです。
でも、ふざけすぎちゃって、
先生《せんせい》におこられちゃいます。

こうたくん

「つい　やりすぎちゃうんだな」

みんなでこたえよう

きみの自分《じぶん》らしさって なんだろう?

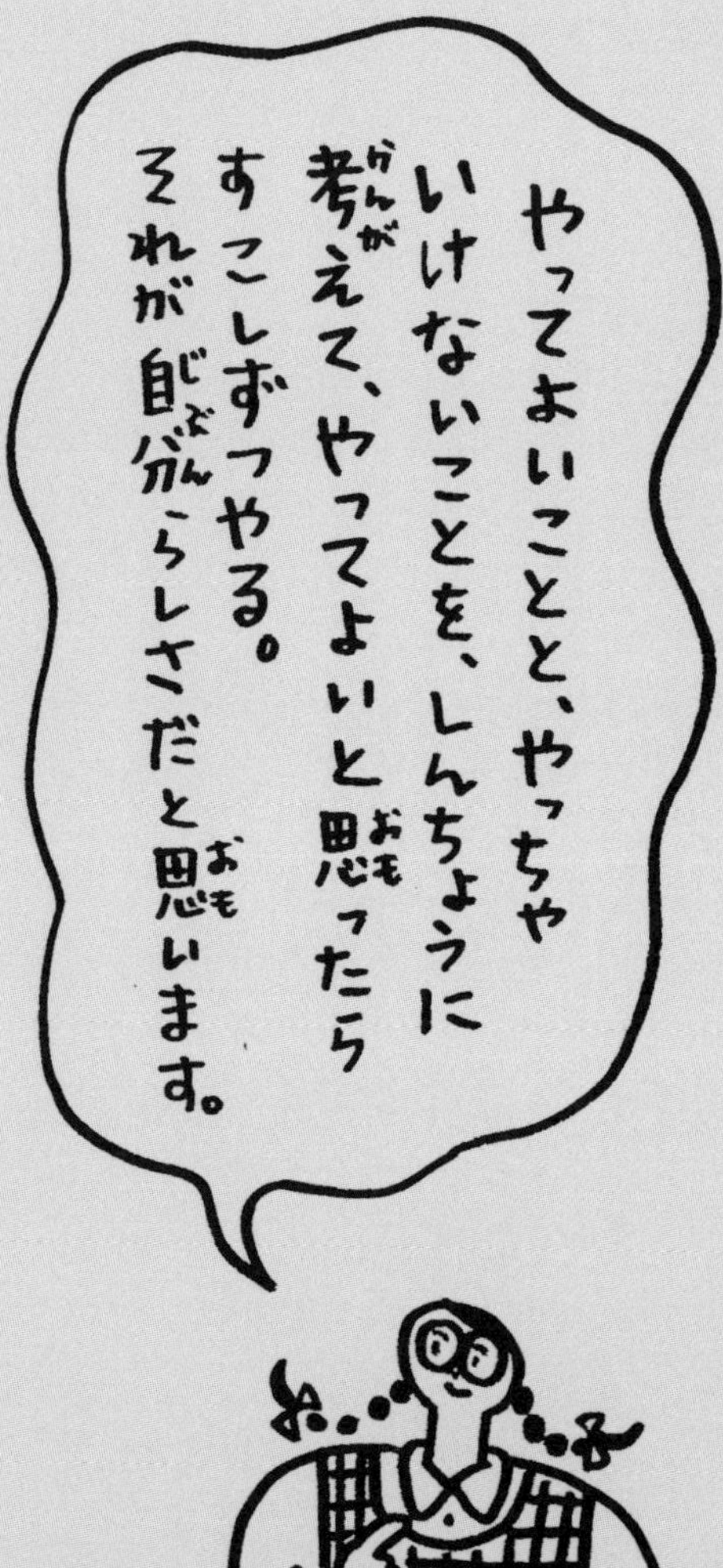
やってよいことと、やっちゃ
いけないことを、しんちょうに
考《かんが》えて、やってよいと思《おも》ったら
すこしずつやる。
それが自分《じぶん》らしさだと思《おも》います。

ななちゃん

「石《いし》ばしをたたいてわたる　ってやつか！」

みんなで
こたえよう

きみの自《じ》分《ぶん》らしさって なんだろう？

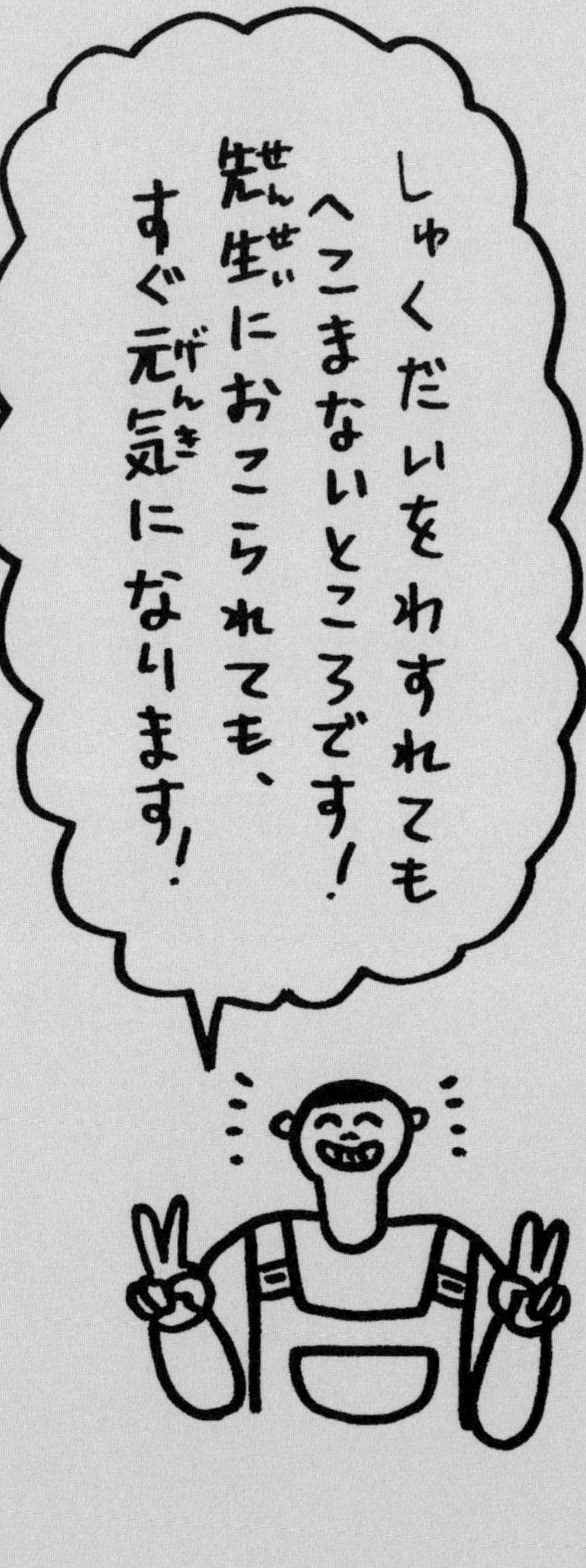
しゅくだいをわすれても
へこまないところです！
先《せん》生《せい》におこられても、
すぐ元《げん》気《き》になります！

たけるくん

「うたれづよさも　たしかにいいところ
だけど……だいじょうぶなのか？」

Qのうた

キュキュキュ

みんなのこたえ、

キュキュキュ

それぞれちがう

キュキュキュ

きみなら

なんてこたえるの？

キュー！

Q

1分《ぷん》間《かん》
考《かんが》えよう。

そもそも自《じ》分《ぶん》らしさって
なんだろう？

「んー……う〜んと、 えーと……。」

「なやんでおりますな〜。」

みんなの いろいろなこたえを
見《み》てきたQ《キュー》くん。
みんなのこたえは それぞれ
ちがっていたけれど、
じぶんの 思《おも》うこたえを 考《かんが》えました。

「さあ、 Q《キュー》くんのこたえを 聞《き》かせてもらおう。
そもそも 自分《じぶん》らしさってなに?」

「はい、ぼくの　いまのところのこたえ！」

「自分《じぶん》らしさなんて、
そんなのわからない！」

「えー、わからないって
けつろんなの？」

「そうさ、人《ひと》はだれでも
いろんな面《めん》をもってる。
ひとことで　自分《じぶん》らしさ
なんか　言《い》えないよ。」

「ほう、なるほど、

ぼくのこたえ
My Answer

自分《じぶん》らしさなんて、
そんなの
わからない！

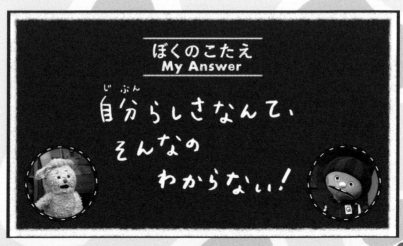

それはそうかもね。
じゃあ　みんなが　自分《じぶん》らしさと
言《い》ってるものって　なんなんだろう？」

「こうありたいとか、こうなりたいっていう、
自分《じぶん》の　りそうのすがた　なんじゃないかな。」

「おお〜、するどいことを言《い》うねえ。
じゃあ、Q《キュー》くんも自分《じぶん》らしく生《い》きる前《まえ》に、
どんな自分《じぶん》になりたいかを　考《かんが》えないとね。」

「そういうことだね！」

「Q《キュー》くんは、どういう自分《じぶん》になりたい？」

「う～ん……ほんとうのことを言《い》うと、マラソンのれんしゅうもちゃんとがんばれる自分《じぶん》になりたいよ……。」

「よくぞ言《い》った！」

なりたい自分《じぶん》に
なれるように、がんばれ！」

「うん！　れんしゅうに
いってくるよ！」

「お〜　いってらっしゃい！」

ようやくでかけた
Q《キュー》くんでしたが、
すぐに　もどってきてしまいました。

「あれっ？　どうした？」
「なりたいものが
すぐ　かわっちゃうのも、
ぼくらしさなんだよねえ！」
それを聞《き》いたチッチは
たまりかねて、さけびます。
「いいから　いけー！」
「ひー!!」

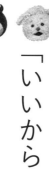

「チッチも　チッチらしさについて
考《かんが》えてみるかな。
そもそも　チッチは　なんでこんなに
ハンサムなんだろう……。」

（おしまい）

今日《きょう》のQ《キュー》ワード『そもそも?』で考《かんが》えてみる。

QWO

そも

解説《かいせつ》「そもそも？」で考《かんが》えてみる

「そもそも」は、言葉《ことば》のもともとの意味《いみ》やものごとのはじまりをあきらかにしてくれるQ《キュー》ワードだよ。

たとえば、「そもそも音楽《おんがく》ってなに？」って考《かんが》えたとしよう。すると、音楽《おんがく》とは、音《おと》の大《おお》きさ、長《なが》さ、リズム、音色《ねいろ》などをくみあわせた芸術《げいじゅつ》。また、その音《おと》を楽《たの》しむこと。というこたえにいきつく。

そう、いろんな音《おと》を楽《たの》しむことが「音楽《おんがく》」なんだっていうことがわかるね。

あるいは、「そもそもなんでお誕生日《たんじょうび》でいわうの？」って考《かんが》えてみよう。すると、一年《ねん》ぶじに生《い》きてこられたことをよろこびあうため、なんていうこたえが出《で》てくるかもしれない。そう思《おも》えると、一年間《ねんかん》、自分《じぶん》をそだててくれた、家族《かぞく》にかんしゃする気持《きも》ちが、めばえてくるかもしれないね。

こんな感《かん》じで、あたりまえになっている言葉《ことば》や行動《こうどう》を「そもそも？」で考《かんが》えてみると、とても大切《たいせつ》なことに気《き》づけるんだ！
ちゅうことで、キミも「そもそも？」をつかって、
いろいろ考《かんが》えてみてくれ！
んじゃな〜！

Q エンディングテーマ

こたえは　みんな

ちがうんだよ

だから　じっくり

さがそう

こたえは　かわったって

いいんだよ

だから　ゆっくり

そだてよう

Q《キュー》QQQQQ

ねぇ、きかせてよ

Q《キュー》QQQQQ

きみの　こころのこえを

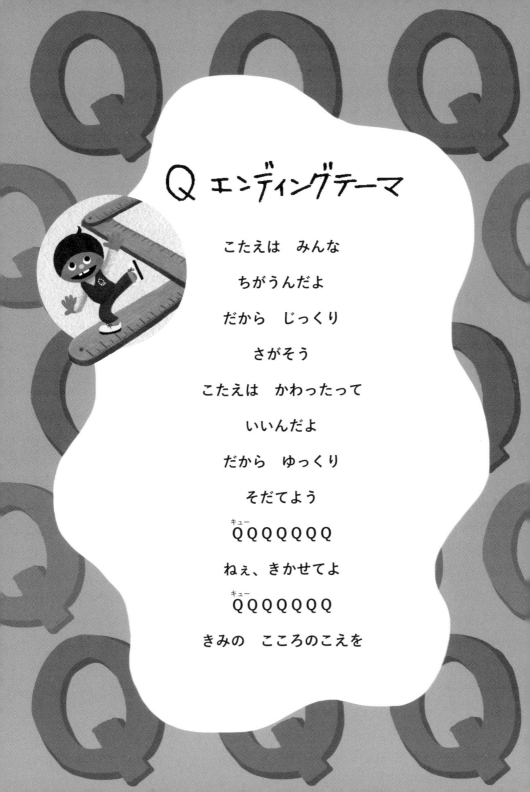

はなしをしていて考《かんが》えることができなくなってしまったら、下《した》のQ《キュー》ワードをつかうと、さらにふかく考《かんが》えられるよ！

QWORD

そもそも？

「そもそも自分《じぶん》らしさってなに？」のように、そのものの意味《いみ》について考《かんが》えてみる。

QWORD

ほかの考《かんが》えは？

こたえを１つにしぼらないでとにかくいろんな考《かんが》えをだしてみる。

QWORD

どういうこと？

「ふつうってどういうこと？」のようにべつのことばでせつめいしてみる。

QWORD

もし～だったら？

「もしルールがなかったら？」のようにもしものせかいをそうぞうしてみる。

QWORD

反対《はんたい》は？

「べんりは、よくないこと」のようにあえて反対《はんたい》の見方《みかた》で考《かんが》えてみる。

QWORD

ほんとうに？

「お金《かね》があれば　ほんとうにしあわせ？」のように、うたがって考《かんが》えてみる。

Q《キュー》ワードをつかってみよう!

QWORD

なんで?

「なんで?なんで?」をくりかえすと
どんなことでもふかく考《かんが》えられるよ。

QWORD

たとえば?

「カッコイイってたとえば?」のように
たくさん例《れい》をあげて考《かんが》えてみる。

QWORD

くらべると?

AとB　2つのばあいを　くらべてみて
そのちがいを見《み》つけてみる。

QWORD

立場《たちば》をかえたら?

お母《かあ》さん、先生《せんせい》、犬《いぬ》や鳥《とり》など
いろんな立場《たちば》になって考《かんが》えてみる。

QWORD

どんな?

「大人《おとな》ってどんな人《ひと》?」のように
じっさいに　どんなのかを思《おも》い出《だ》してみる。

番組ホームページは、
http://www.nhk.or.jp/sougou/q/
本文中の歌も視聴できるよ！

Q PHILOSOPHY FOR CHILDREN

NHK Eテレ「Q～こどものための哲学」
そもそも自分らしさって なに？

2020年2月20日　第一刷発行

NHK Eテレ「Q～こどものための哲学」制作班 編
原作 古沢良太
美術デザイン tupera tupera
アニメーション原画 稲葉卓也
ブックデザイン 清水貴栄（DRAWING AND MANUAL）
イラスト 鈴木友唯（DRAWING AND MANUAL）、三山真寛
哲学監修 河野哲也、土屋陽介
プロデューサー 佐藤正和

発行者 中村宏平
発行所 株式会社ほるぷ出版
〒101-0051　東京都千代田区神田神保町3-2-6
電話 03-6261-6691
ファックス 03-6261-6692
https://www.holp-pub.co.jp

編集協力 横山雅代

印刷 株式会社光陽メディア
製本 株式会社ブックアート

ISBN:978-4-593-58843-5
NDC.100
ページ数 64P
サイズ 210 × 148㎜